AF603238

GALERIE
HISTORIQUE-CHRONOLOGIQUE,

OU

Collection des Portraits des Hommes célèbres
de tous les Siècles et de tous les Peuples,

PRÉSENTANT,

EN 24 GRANDS TABLEAUX GRAVÉS A L'EAU-FORTE,

PRÈS DE 1500 PORTRAITS AUTHENTIQUES,

RANGÉS PAR ORDRE CHRONOLOGIQUE,

AVEC BIOGRAPHIE ET TEXTE EXPLICATIF:

Ouvrage propre à faciliter toutes les méthodes de l'Enseignement de l'Histoire, soit dans les collèges et les écoles publiques, soit dans l'éducation privée;

PAR PHIL.-ANT. DETHIER.

Dédié à la Princesse Charles de Beauvau.

A PARIS,

CHEZ M. CHATELLAIN, RUE NEUVE-DES-MATHURINS, N.° 68;

ET AUX LIBRAIRIES DE

MM. LEVRAULT, rue de La Harpe, n.° 87; RENOUARD, rue de Tournon, n.° 6;

MM. HACHETTE, rue Pierre-Sarrasin, n.° 12; HEIDELOFF ET CAMPE, rue Vivienne, n.° 18.

1833.

IMPRIMERIE D'AD. MOESSARD, RUE DE FURSTENBERG, N.° 8.

Certifié le présent Exemplaire Conforme à l'édition entière. Paris 12 9bre 1833
Ad Moëssard

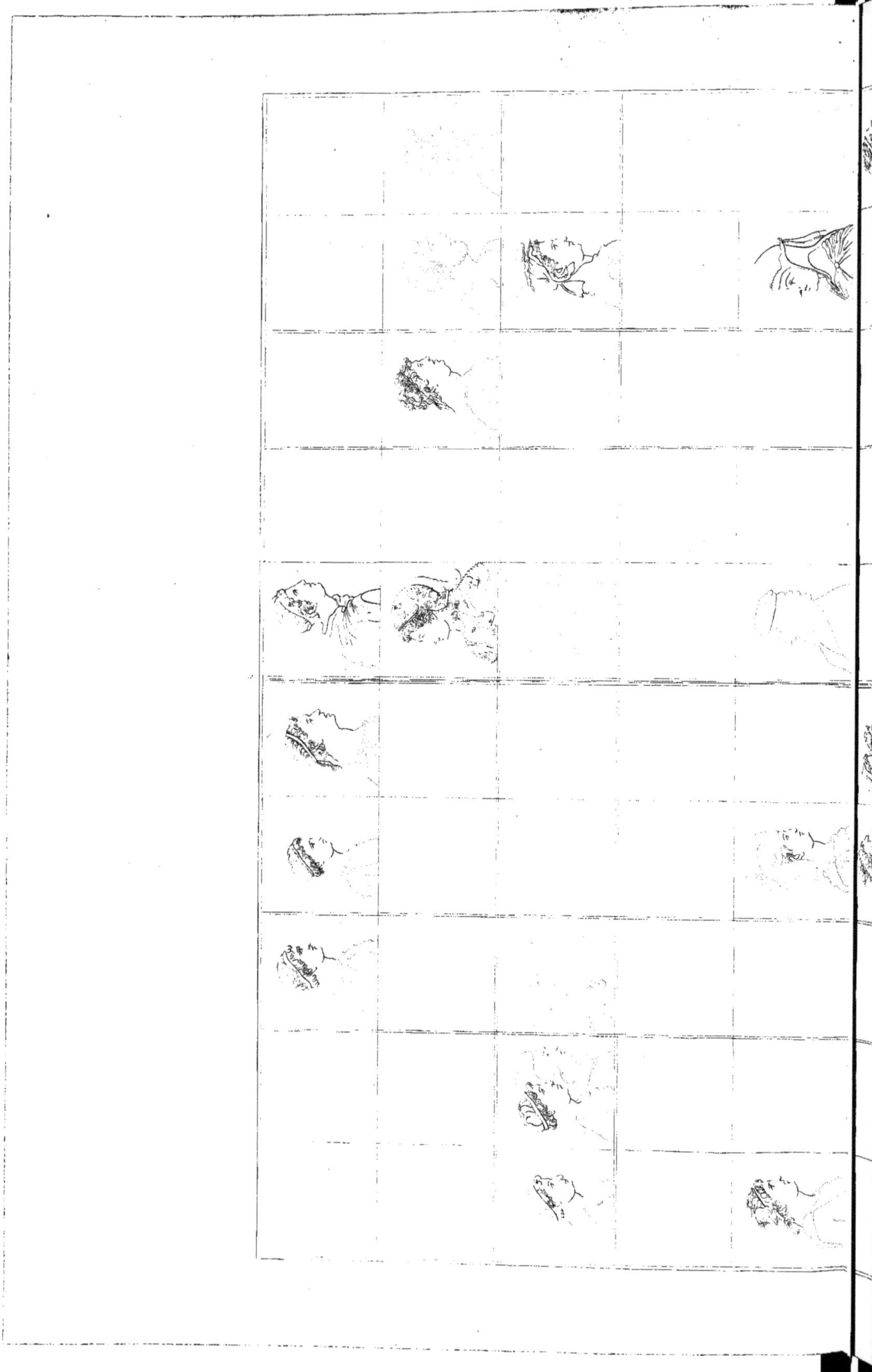

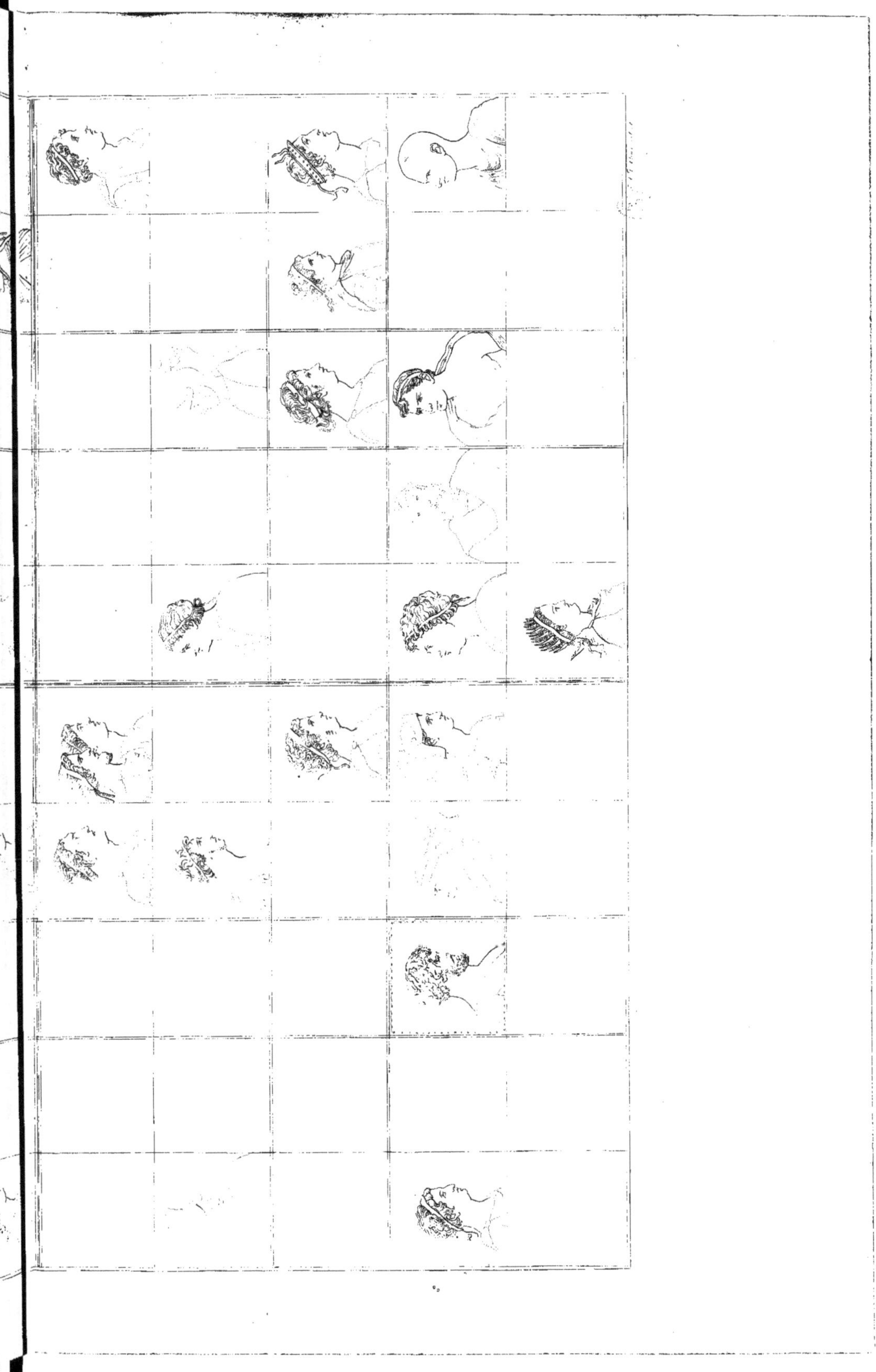

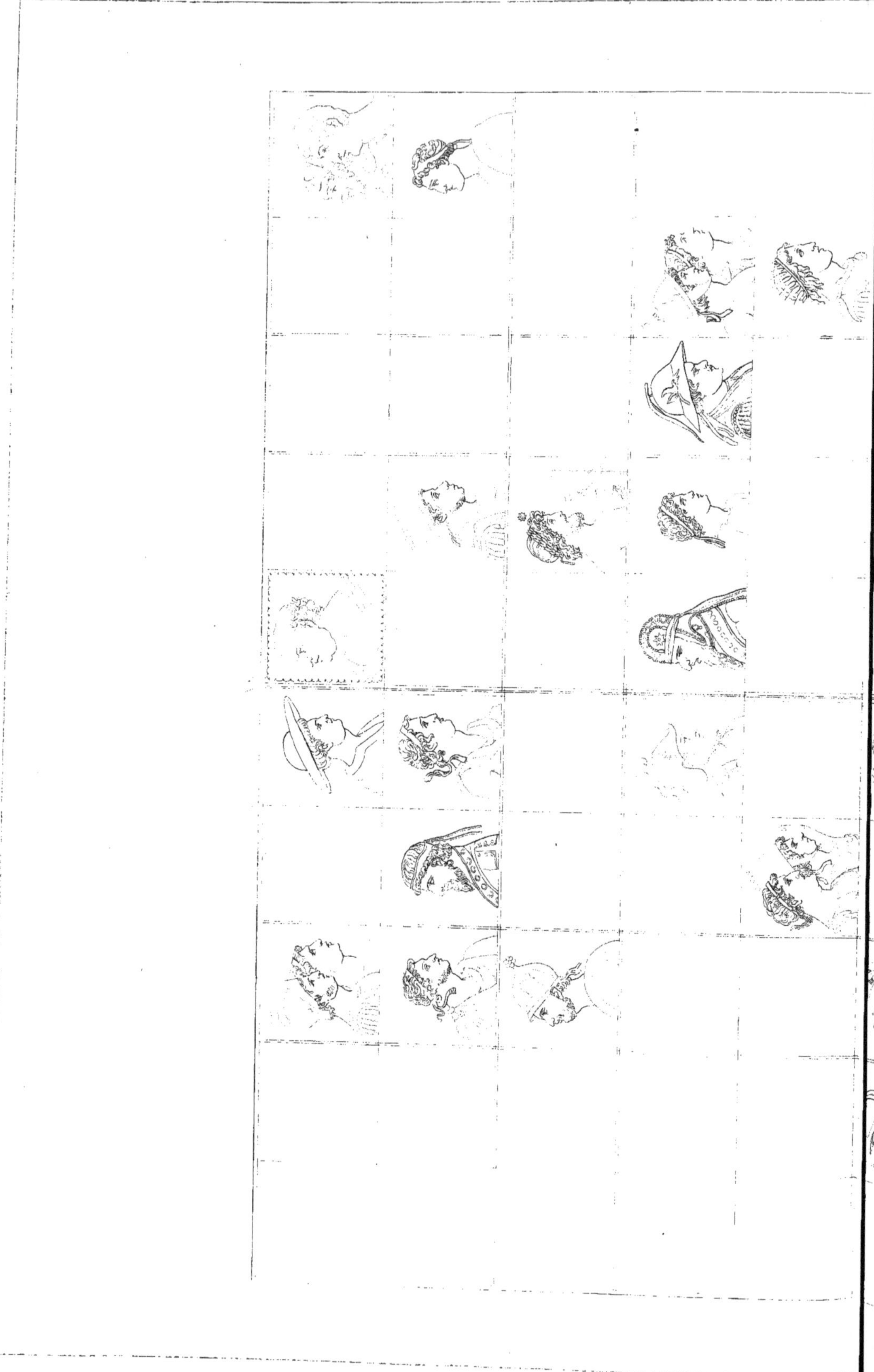

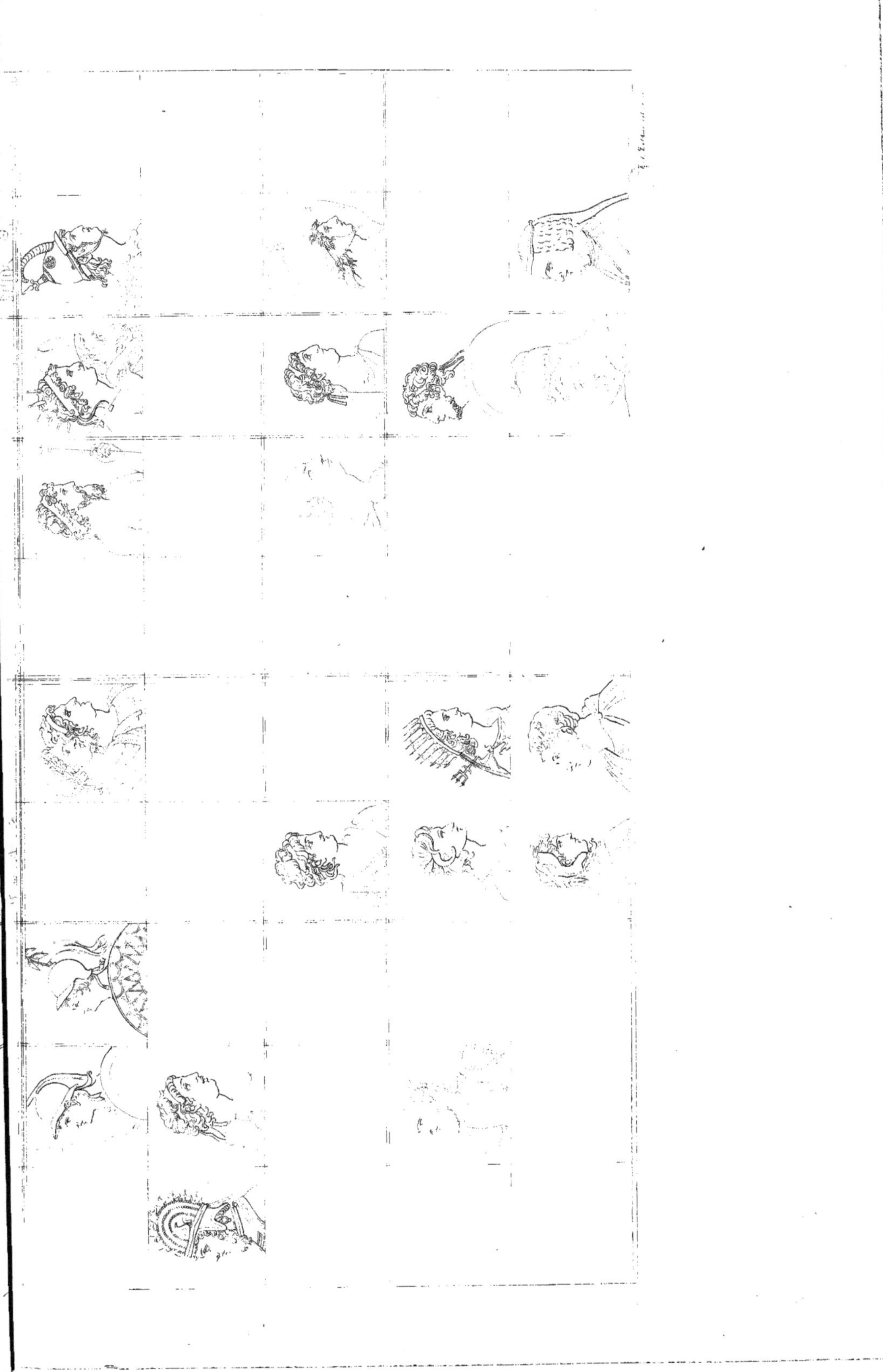

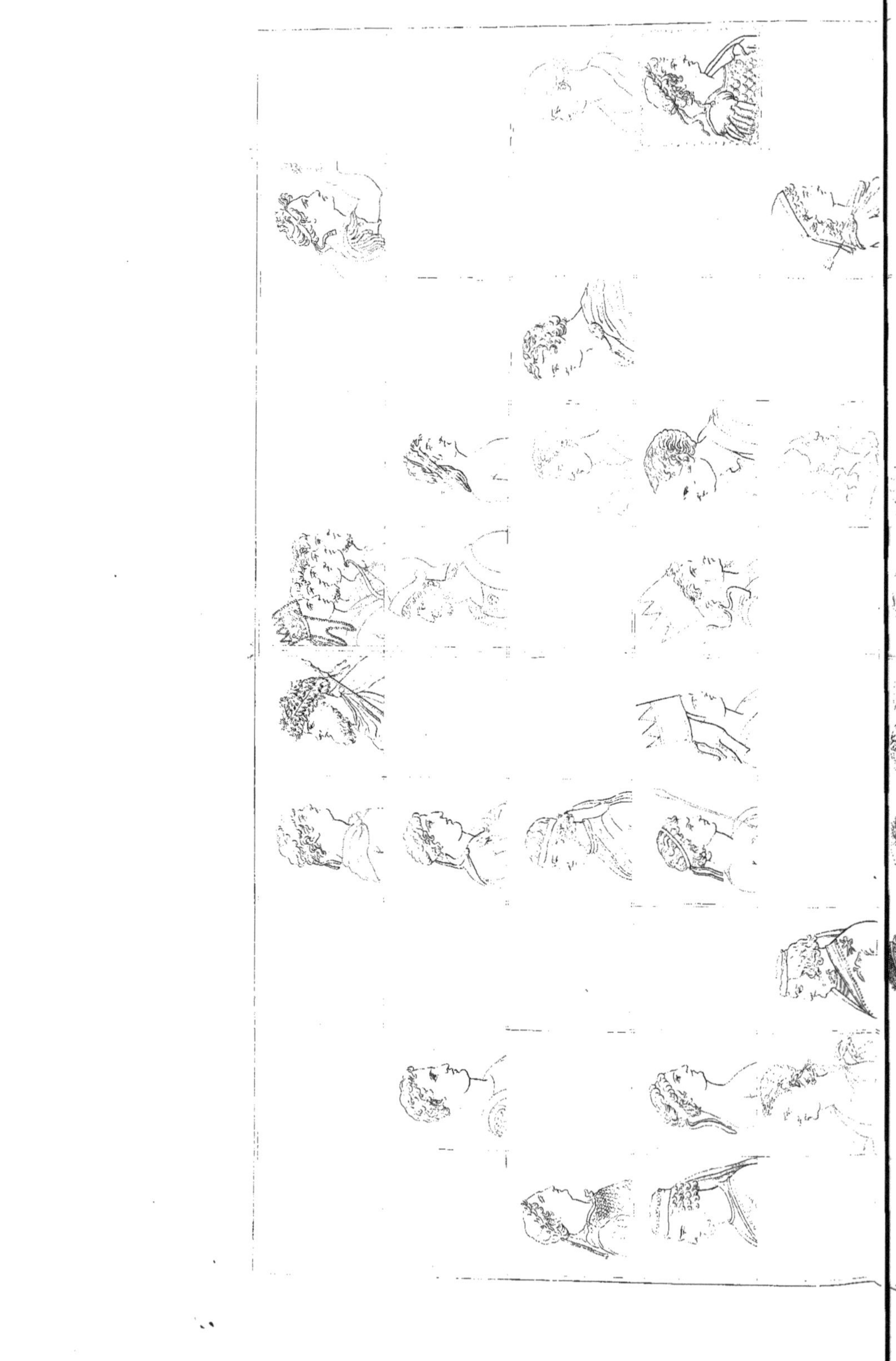

32

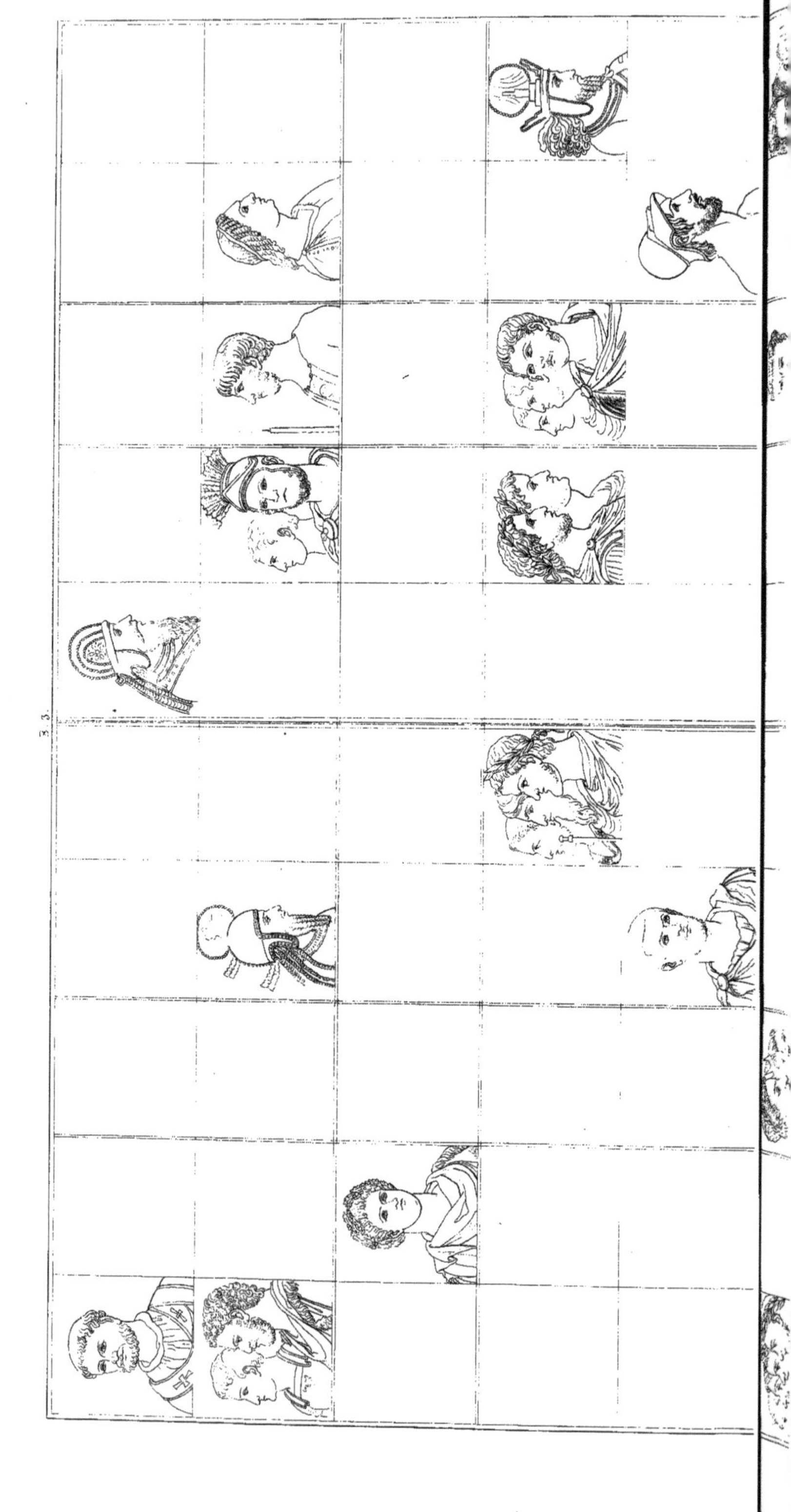

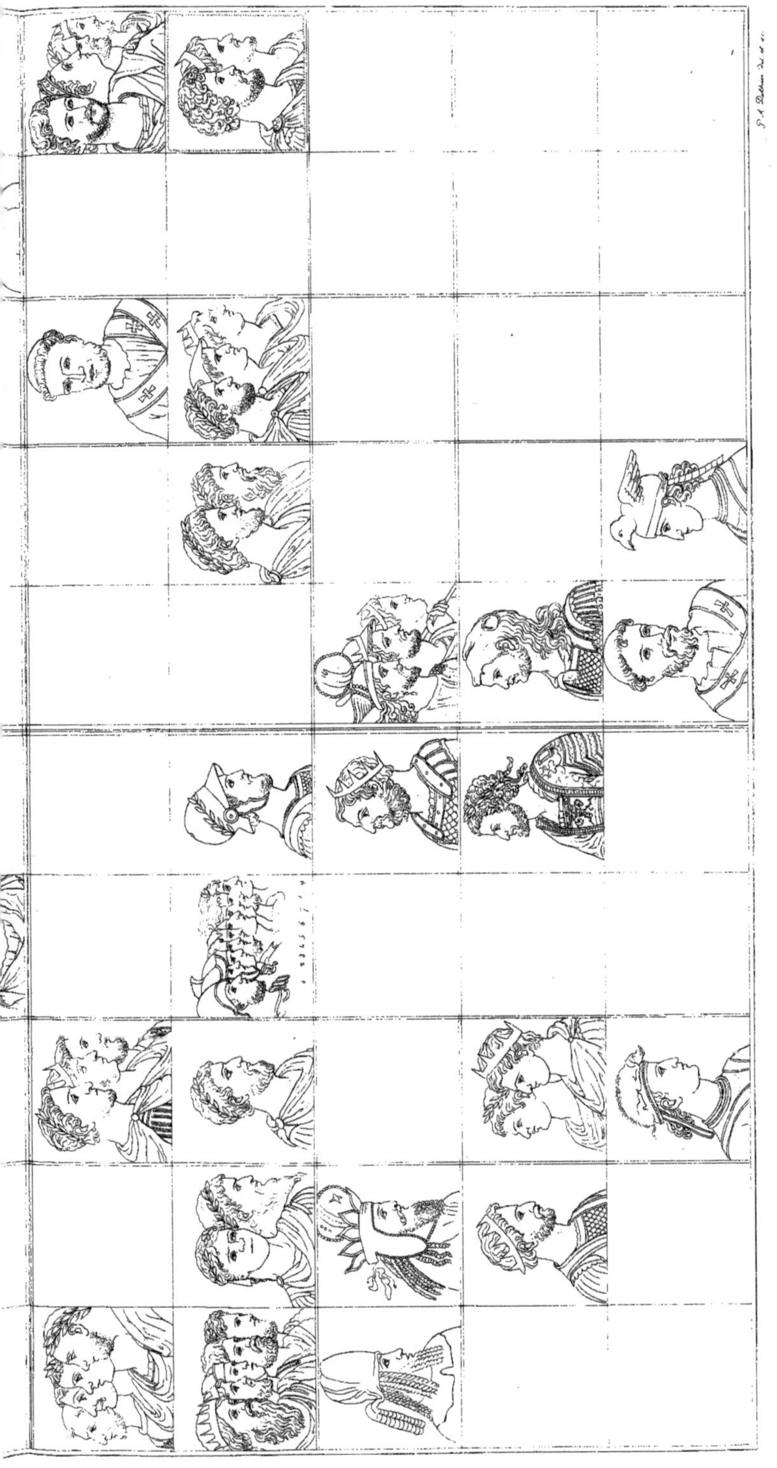

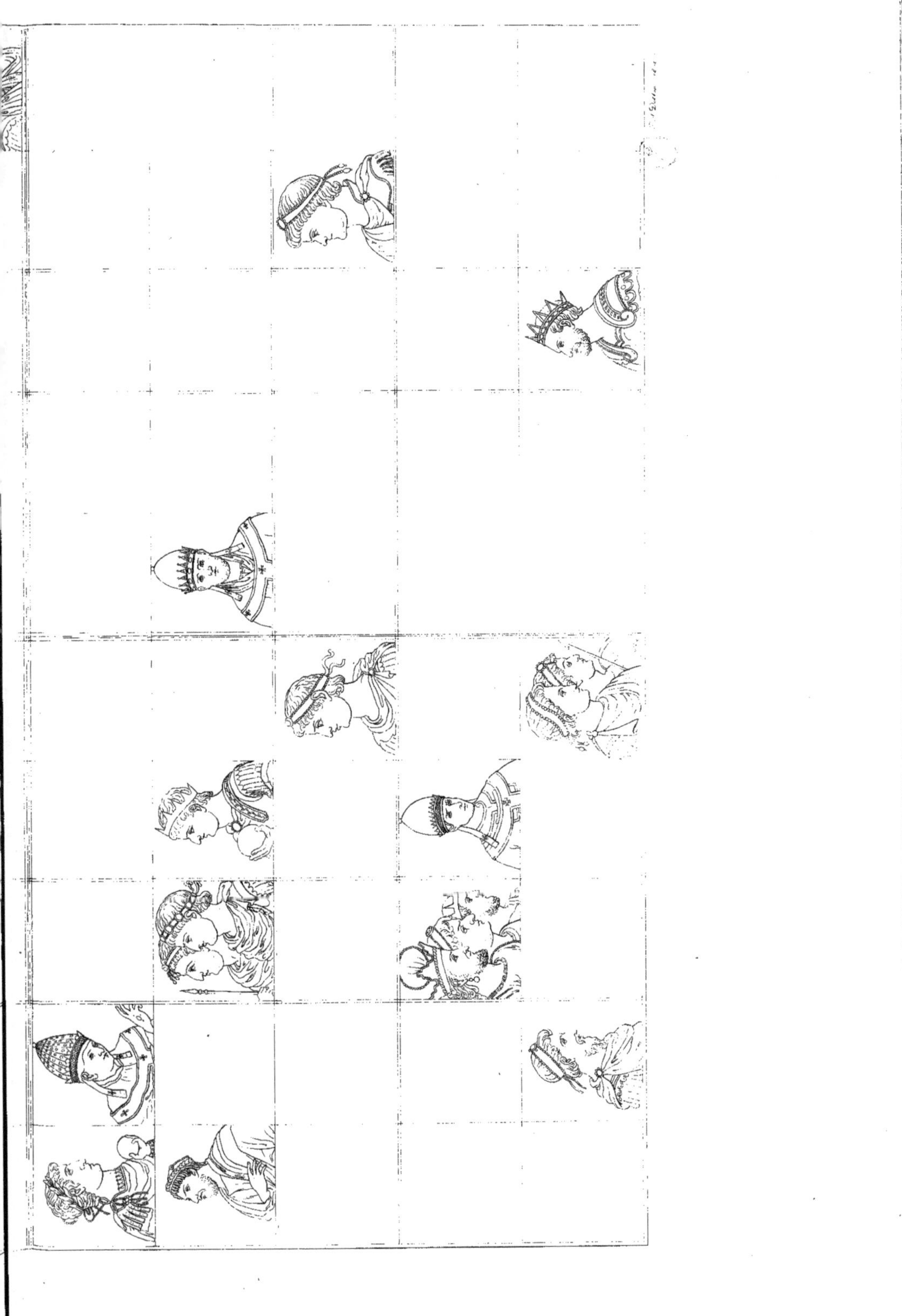

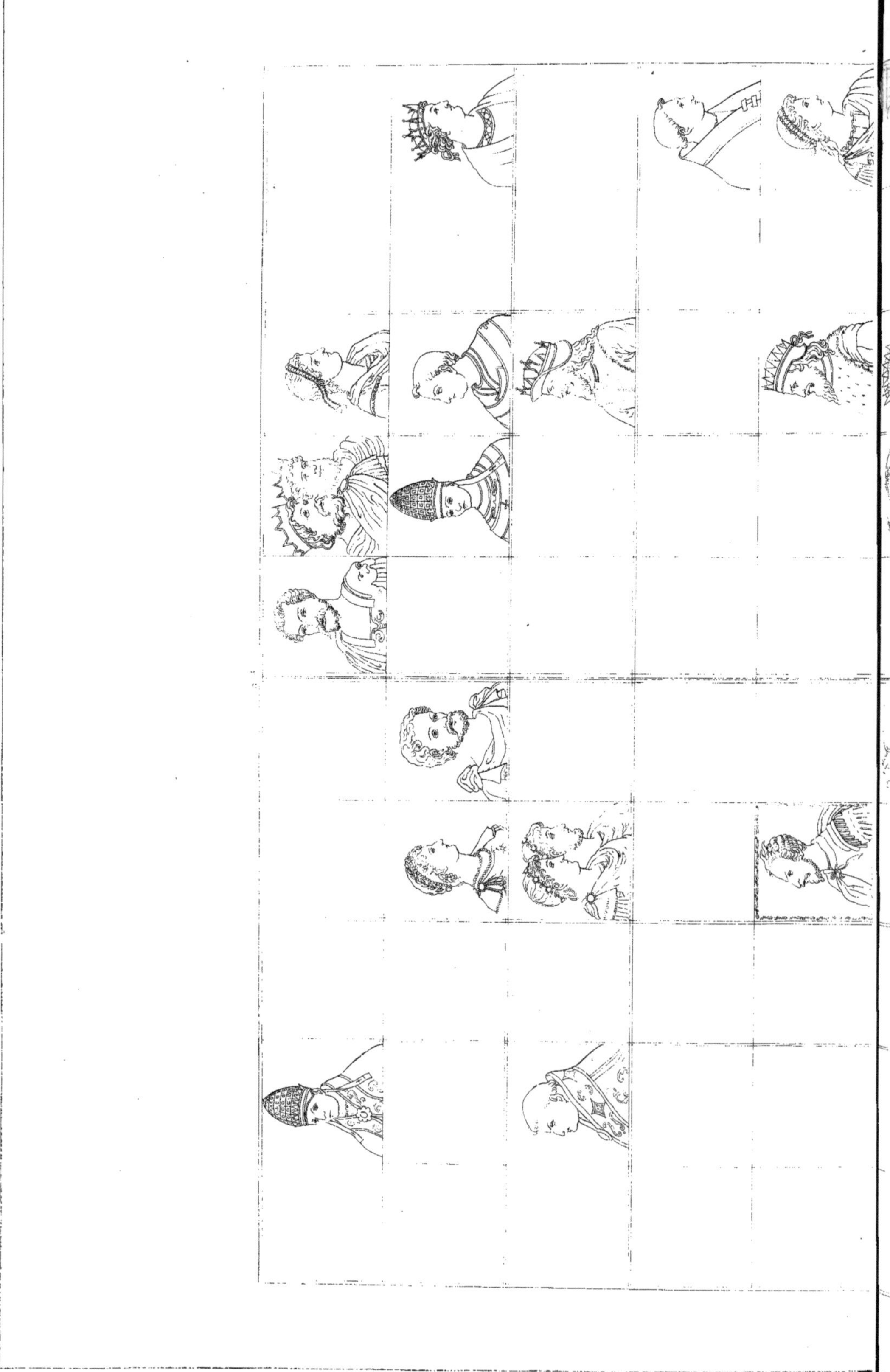

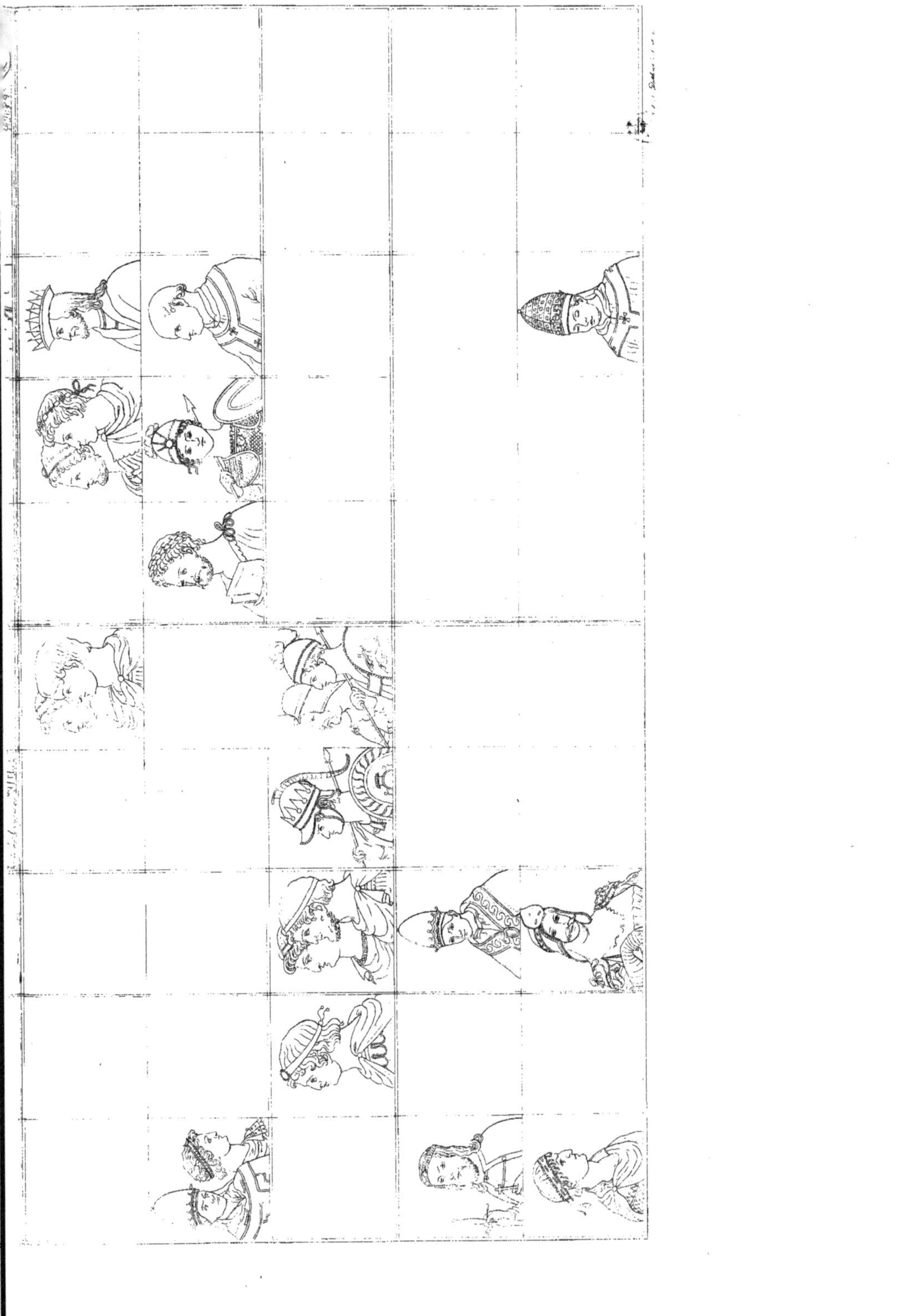

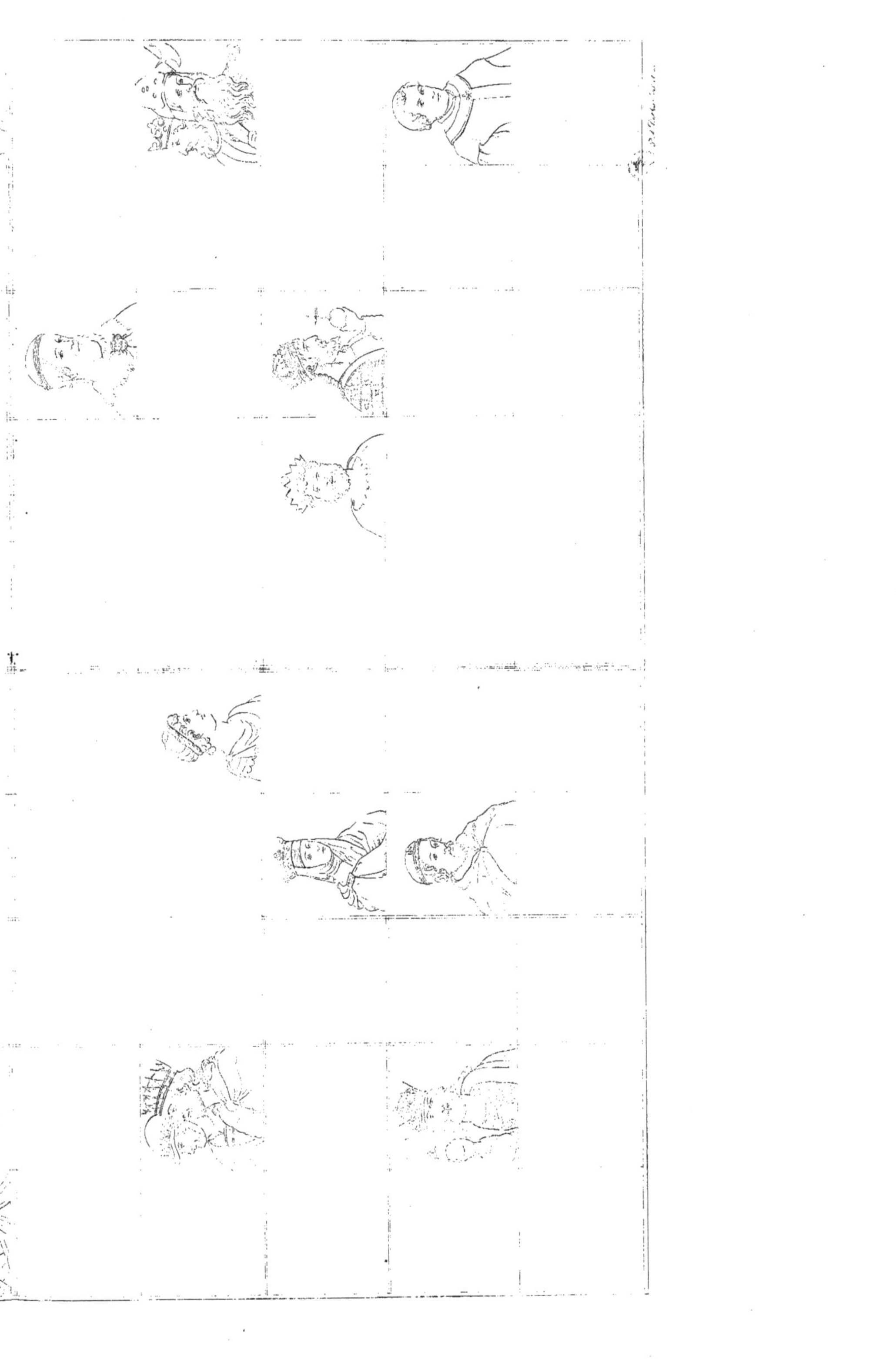

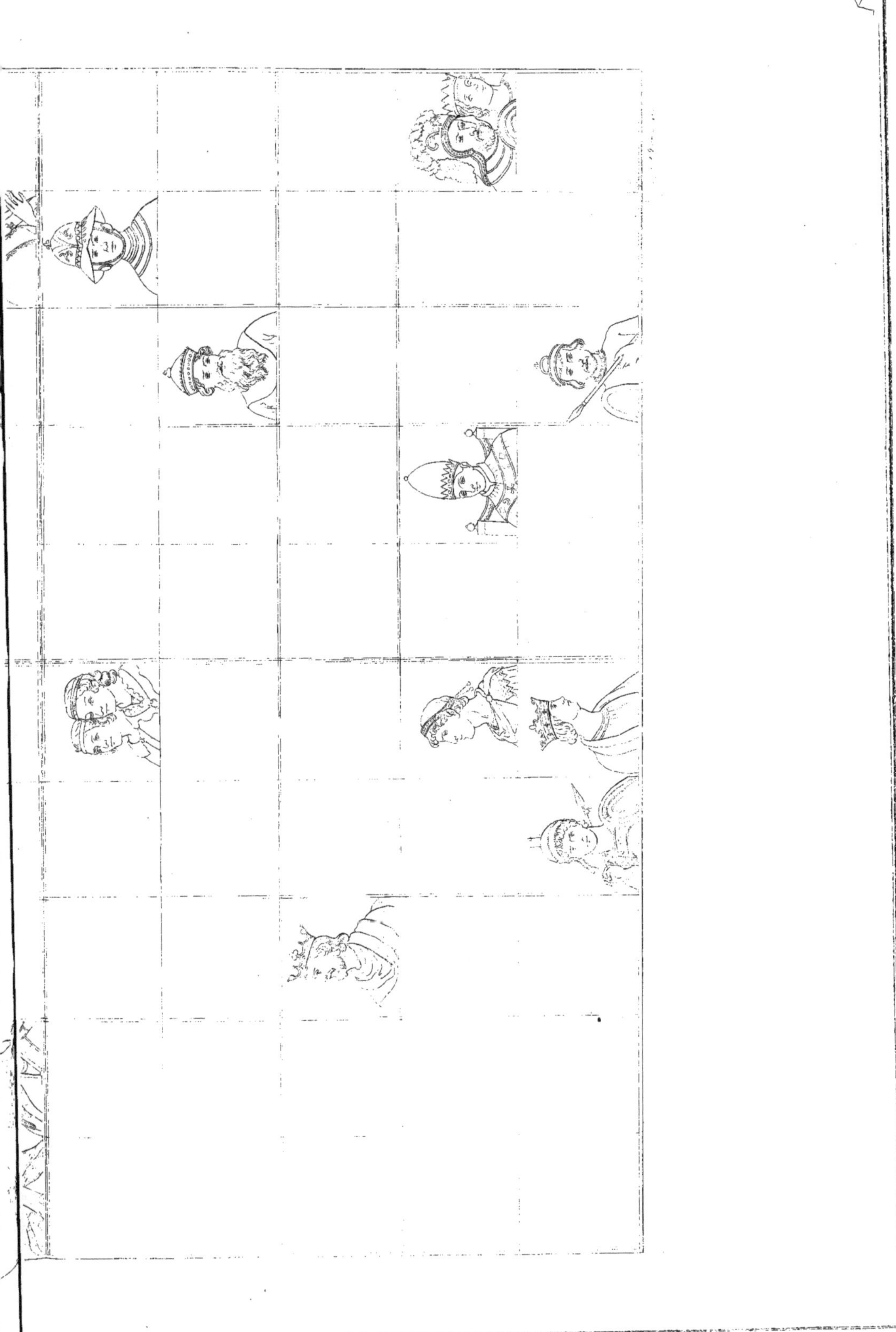

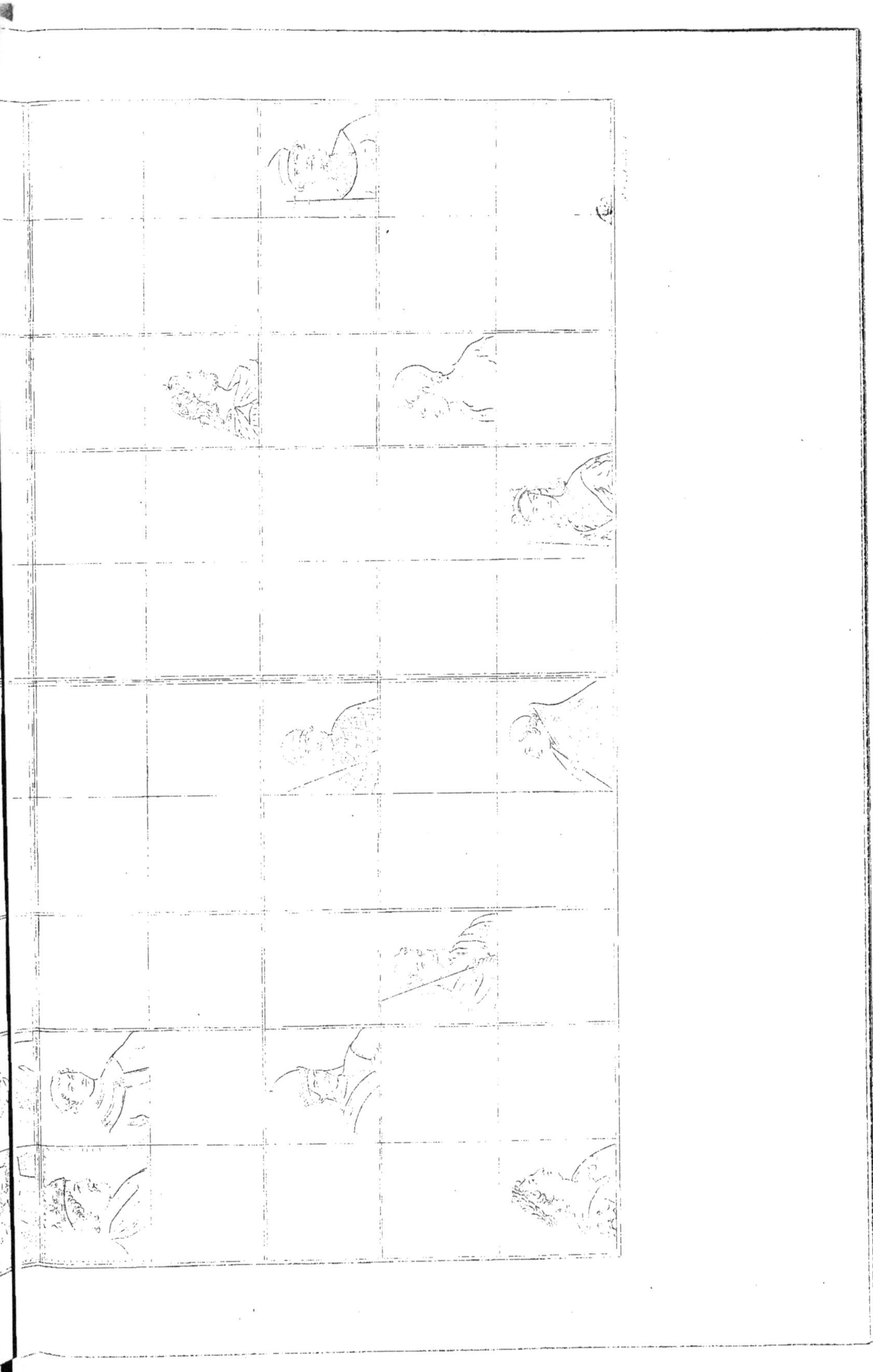

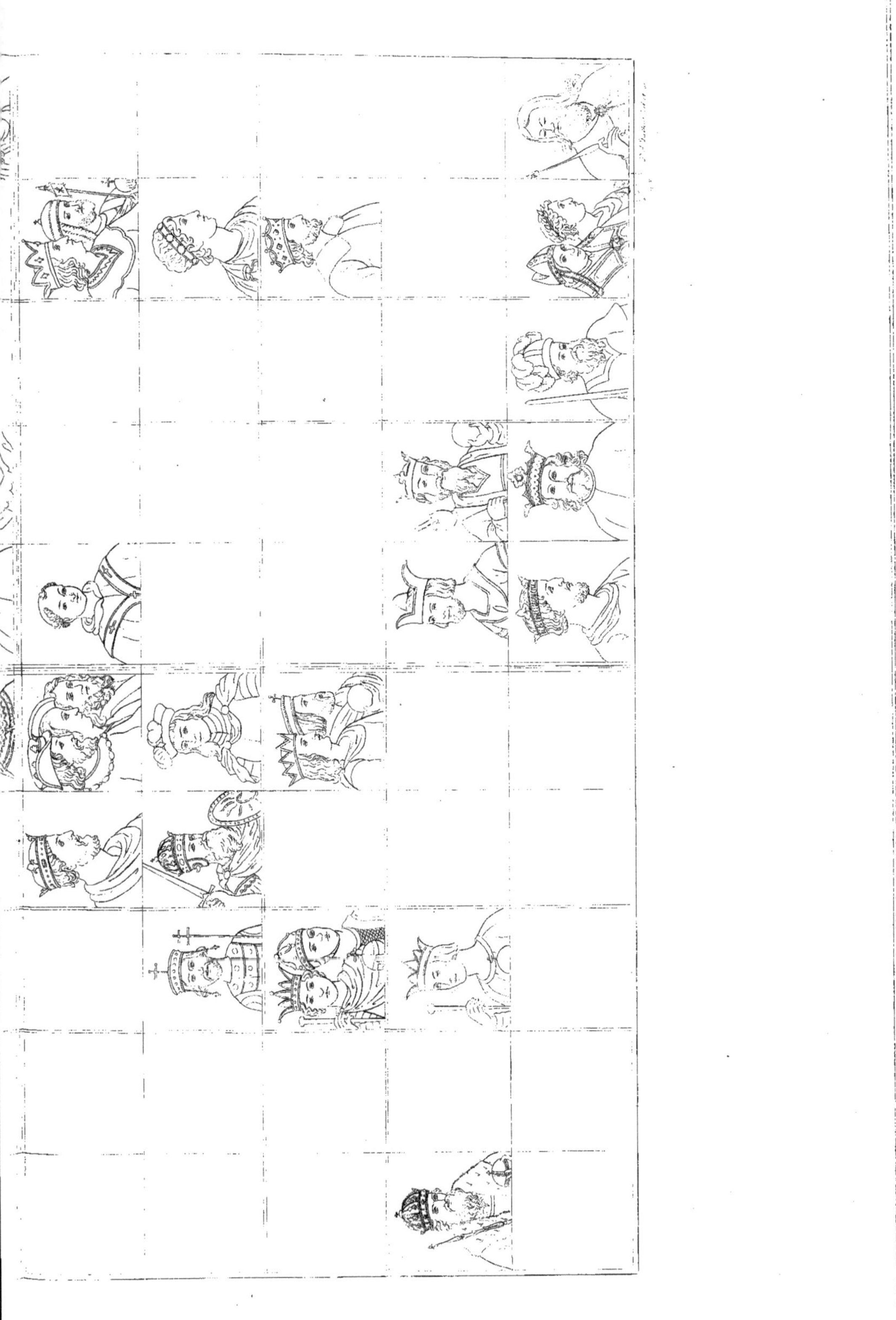

B. 12.

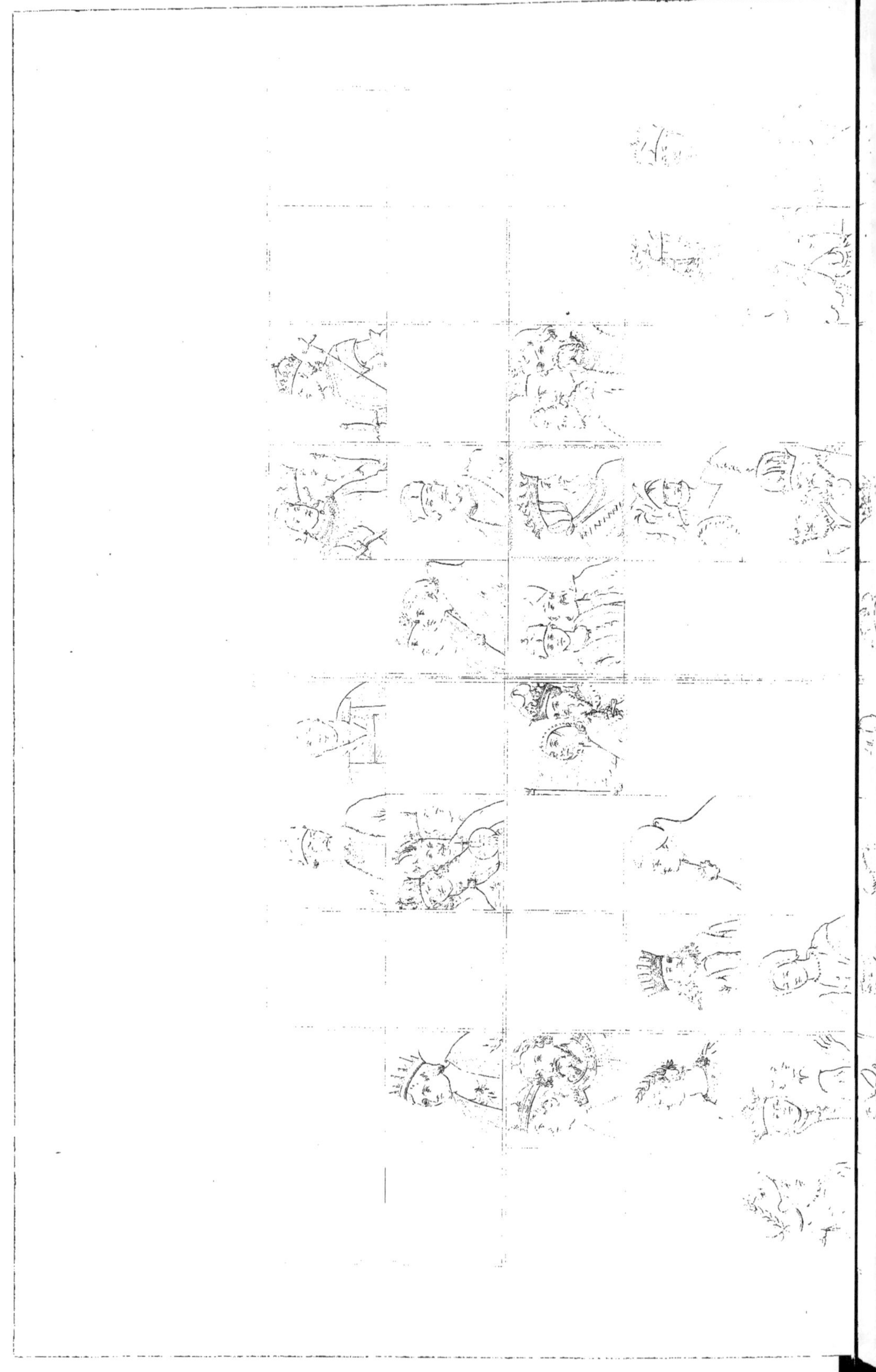

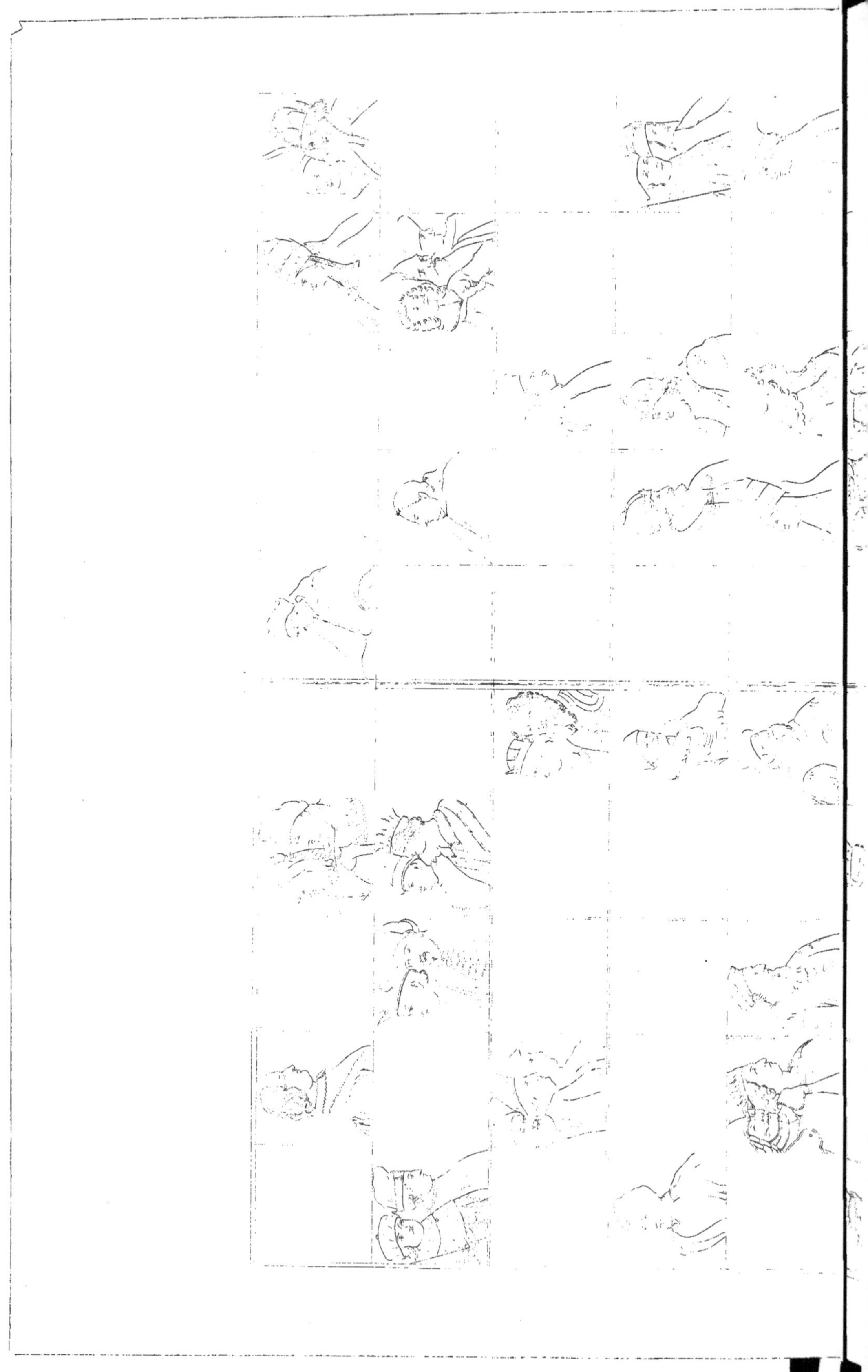

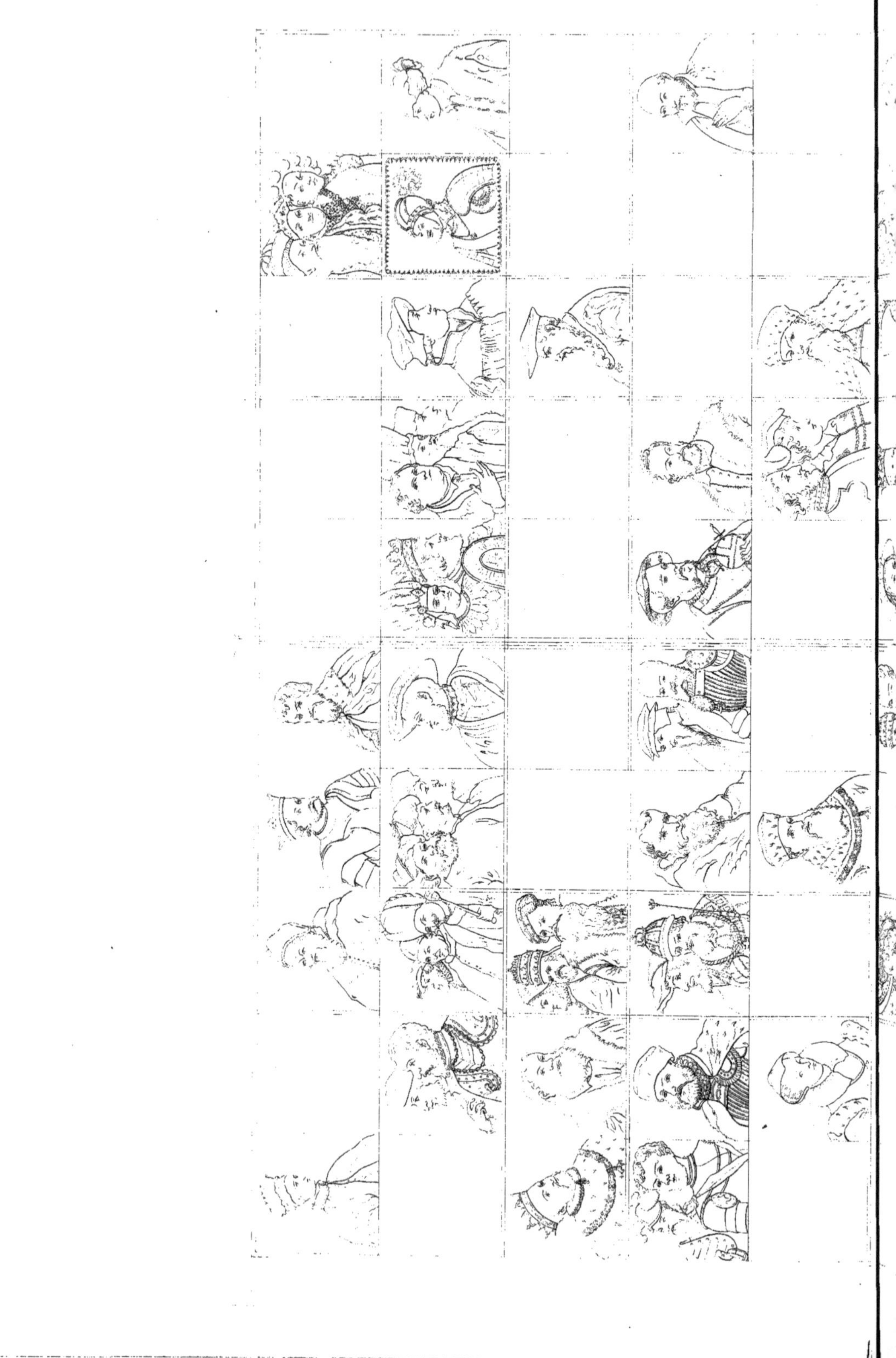

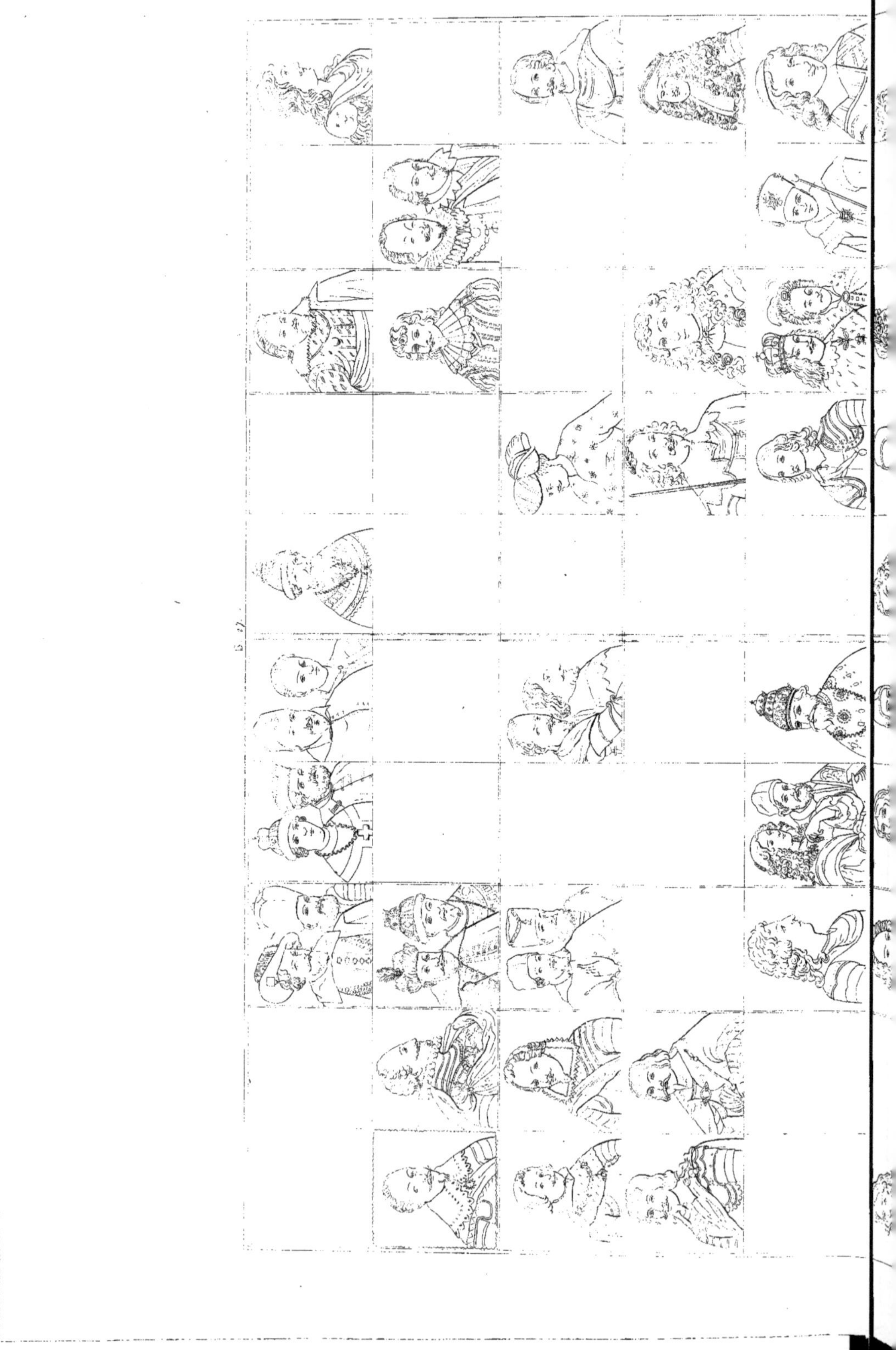

B. 12

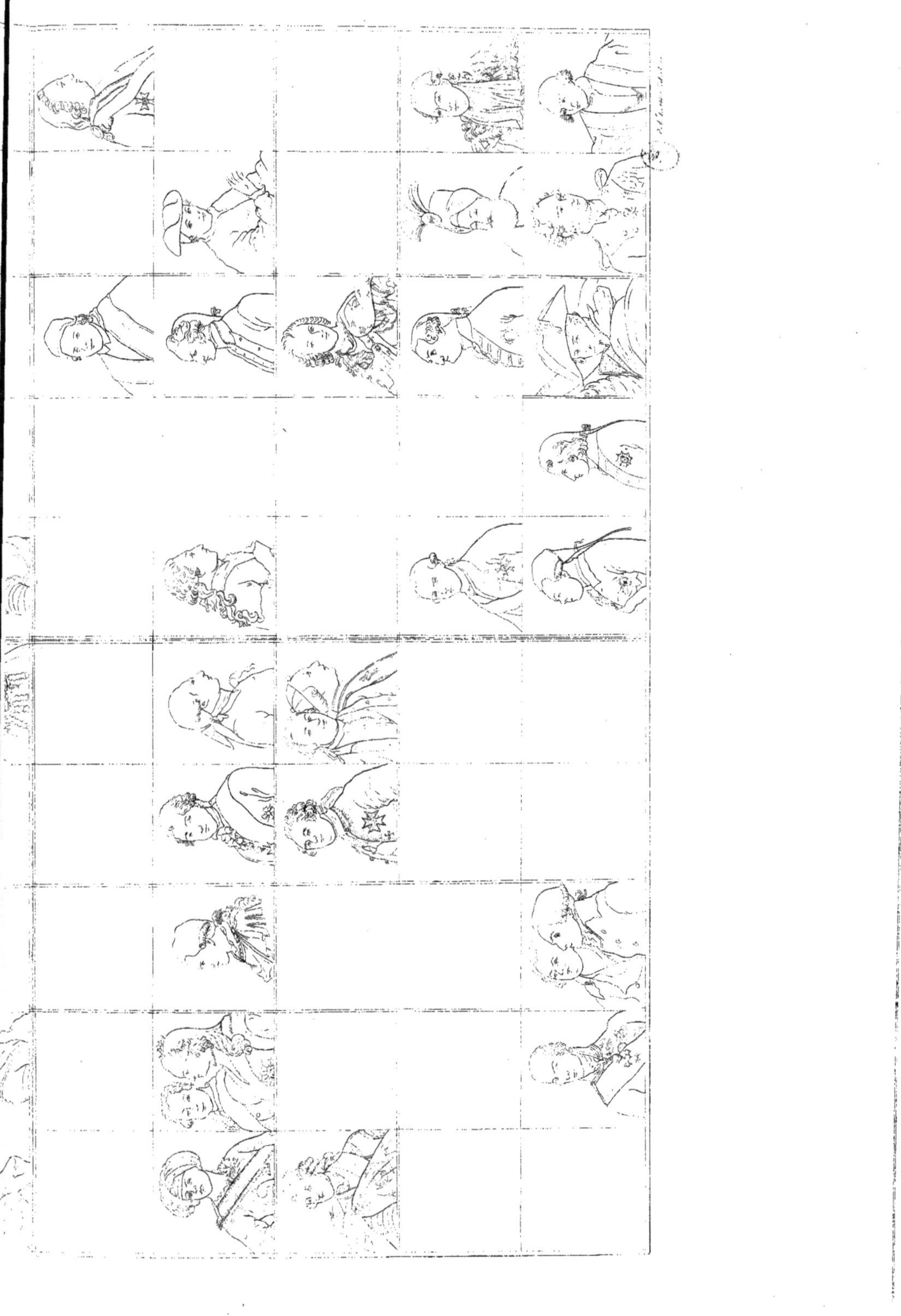

www.ingramcontent.com/pod-product-compliance
Ingram Content Group UK Ltd.
Pitfield, Milton Keynes, MK11 3LW, UK
UKHW021111260726
13994UKWH00002B/836

9 782329 399331